La gimnasia

POR M. K. OSBORNE

AMICUS

Amicus High Interest es una publicación de Amicus
P.O. Box 227, Mankato, MN 56002
www.amicuspublishing.us

Información del catálogo de publicaciones de la biblioteca del congreso
Names: Osborne, M. K., author.
Title: La gimnasia / M.K. Osborne.
Other titles: Gymnastics. Spanish
Description: Mankato, Minnesota : Amicus, 2020. | Series: Deportes olímpicos de verano | Includes bibliographical references and index. | Audience: K to grade 3.
Identifiers: LCCN 2019007175 (print) | LCCN 2019008106 (ebook) | ISBN 9781681519234 (pdf) | ISBN 9781681518978 (library binding)
Subjects: LCSH: Gymnastics–Juvenile literature. | Olympics–Juvenile literature.
Classification: LCC GV461.3 (ebook) | LCC GV461.3 .O7417 2020 (print) | DDC 796.44–dc23
LC record available at https://lccn.loc.gov/2019007175

Editora: Wendy Dieker
Diseñador: Aubrey Harper
Investigación fotográfica: Shane Freed

Créditos de Imágenes: Melissa J. Perenson/Cal Sport Media/AP cover; DAMIR SAGOLJ/REUTERS/Newscom 4; Popperfoto/Getty 7; ABC Photo Archives/Getty 8; PCN Black/Alamy 10-11, 15, 31; Gregory Bull/AP 12; Alan Edwards/Alamy 16; ZUMA Press/Alamy 18-19; Nippon News/Alamy 20, 24; Mike Blake/Newscom 23; Julie Jacobson/AP 27; Ben Stansall/Getty 29

Tabla de Contenido

La medallista de oro Aliya Mustafina de Rusia hace que las proezas parezcan fáciles.

La lucha por el oro

Cada cuatro años, vemos a los mejores atletas del mundo competir en los Juegos Olímpicos de verano. ¿Qué deporte es uno de los más populares para ver? La gimnasia. En los eventos de gimnasia resalta la fuerza y la gracia de los atletas. La elegancia, el control y la personalidad cautivan a los jueces. ¿Quién ganará las medallas de oro en gimnasia?

La gimnasia estuvo presente en los primeros Juegos Olímpicos en 1896. En esa ocasión, solo participaron hombres. Las competencias eran la escalada de cuerdas y el balanceo de mazas, que era algo así como hacer malabares. Pero también competían en los eventos que vemos hoy. Ya existía el salto de caballo. Giraban en las barras paralelas y en las horizontales. En los anillos, demostraban la fuerza que tenían.

Un gimnasta noruego compite en la barra fija en los Juegos Olímpicos de 1912.

Mary Lou Retton inspiró a muchas jóvenes a hacer gimnasia cuando ganó una medalla de oro en 1984.

¿Las mujeres competían en gimnasia olímpica antes de 1952?

La gimnasia femenina comenzó con eventos olímpicos individuales en 1952. Y muy pronto se convirtieron en celebridades del deporte. Nadia Comaneci asombró a los espectadores con rutinas perfectas en 1976. En 1984, los fanáticos de los EE. UU. vieron a Mary Lou Retton convertirse en la primera gimnasta estadounidense que ganaba una medalla individual. Hoy en día, la gimnasia es uno de los deportes más vistos de los Juegos Olímpicos.

R Sí. Las mujeres participaron en eventos de gimnasia en equipo en 1928, 1936 y 1948.

Gimnasia artística

Los gimnastas más famosos son los gimnastas artísticos. Estos gimnastas realizan rutinas en un **aparato**, o pieza de equipo. Los jueces los califican por lo bien que ejecutan una rutina. Pero también por los movimientos que hacen. Los movimientos más dificiles obtienen puntuaciones más altas. Tanto hombres como mujeres participan en los eventos artísticos.

El gimnasta estadounidense Jacob Dalton muestra su fuerza en los anillos.

London 20
adidas
USA

Los jueces a ambos lados de la barra fija observan cuidadosamente la rutina de cada gimnasta.

P ¿Cuál es la puntuación más alta que puede obtener un gimnasta?

Dos paneles de jueces observan cada rutina. Un grupo califica los **puntos de dificultad** por los movimientos que hace el gimnasta. El otro grupo observa que los movimientos estén bien hechos. El gimnasta comienza con diez **puntos de ejecución**. Los errores hacen que los jueces quiten puntos. Las dos calificaciones se suman para la puntuación final.

R No hay una puntuación máxima. La mayoría de los mejores gimnastas obtienen 14 o 15 en sus eventos. Algunos llegan a 16.

Las mujeres compiten en cuatro eventos artísticos diferentes. Cada evento está diseñado para exhibir diferentes habilidades. El salto de caballo requiere de velocidad y agilidad. En los ejercicios de piso, las mujeres muestran gracia y habilidades acrobáticas. En la barra fija, son el equilibrio y la resistencia los que dan puntos. Los giros en las barras asimétricas demuestran fluidez y precisión.

La medallista de oro Simone Biles de EE. UU. gira en el aire al saltar el caballo.

El medallista de oro Kohei Uchimura de Japón compite en la barra fija.

¿Es la rutina de piso masculina igual a la femenina?

Los hombres participan en seis eventos artísticos. Las especialidades masculinas se centran en la fuerza y la agilidad. Los hombres aún compiten en los mismos cinco eventos individuales en que lo hicieron en 1896. Podrás ver las competencias de salto, anillos y el caballo con arzones. Además, verás competencias en la barra fija y en las paralelas. En la actualidad, los hombres también compiten en una rutina de piso.

R En realidad no. Las rutinas femeninas tienen música y algo de baile. Las rutinas masculinas no tienen música y se centran en las acrobacias.

En los Juegos Olímpicos, tanto hombres como mujeres compiten en una **ronda clasificatoria**. Los mejores gimnastas pasan a la final de los eventos individuales. Después de eso, los mejores competidores en los eventos individuales también participan en la **competencia general**. Estos gimnastas participan en cada evento una vez más. ¡Algunos gimnastas tienen mucho que hacer!

Madison Kocian compitió tres veces en las barras asimétricas en los Juegos Olímpicos de 2016.

El equipo de gimnasia masculino de Japón ganó la medalla de oro por equipos en 2016.

¿Qué países tienen los mejores equipos?

La gimnasia artística también incluye un evento de equipo. Los 12 mejores equipos del mundo compiten en la ronda clasificatoria. Cada equipo tiene cuatro o cinco gimnastas. Solo ocho equipos pasan a la final. En las finales, el equipo elige a tres gimnastas para participar en cada evento. Las puntuaciones se suman. El equipo con mayor puntuación gana.

R En gimnasia masculina, China y Japón casi siempre ganan las medallas por equipos. En gimnasia femenina, Estados Unidos y Rumania han sido los equipos dominantes.

Gimnasia rítmica

Una gimnasta rítmica es parte bailarina y parte acróbata. Las gimnastas rítmicas hacen sus rutinas con cuatro tipos de **utilería**. Utilizan aros y cintas. Lanzan bolas y mazas. Al mismo tiempo que se paran de manos, giran, hacen extensiones y saltan. Las gimnastas hacen una rutina con cada pieza de utilería. Las puntuaciones se suman. La gimnasta con un total más alto gana la medalla de oro.

Yana Kudryavtseva de Rusia utiliza un aro en esta rutina.

Cintas de colores se arremolinan durante la rutina de las gimnastas rusas.

P ¿En qué año apareció por primera vez la gimnasia rítmica en los Juegos Olímpicos?

Ver a una gimnasta rítmica es divertido para los espectadores, ¡pero ver a un grupo de ellas es de veras asombroso! Cada grupo realiza su rutina dos veces. La primera rutina es con la cinta. La segunda rutina es mosaico de aros y mazas. El equipo con la puntuación total más alta será el campeón.

R Los eventos individuales fueron presentados por primera vez en 1984. La competencia en grupo fue agregada en 1996.

Trampolín

En el otro lado de la pista de gimnasia, un gimnasta salta en un trampolín. Desde el año 2000, los espectadores han disfrutado ver a cada gimnasta hacer diez saltos de altura. Los gimnastas hacen giros, extensiones y volteretas en cada salto. Los jueces califican a estos gimnastas en cuanto a la fuerza de los movimientos y la altura que saltan.

El gimnasta japonés Yasuhiro Ueyama hace una voltereta hacia atrás en el trampolín.

Rio2016

¡Aplaude su esfuerzo!

Los gimnastas hacen movimientos increíbles. Dan volteretas. Giran y hacen piruetas. Saltan alto en el aire. Es natural que a la gente le guste ver estos eventos tan emocionantes. Prepárate para los juegos de verano. ¡Anima a tus atletas favoritos!

You Hao de China ganó una medalla de bronce por su rutina en el caballo con arzones.

Glosario

aparato Tipo de equipo en el que los gimnastas realizan rutinas.

competencia general Competencia en la que los gimnastas hacen rutinas en todos los aparatos.

puntos de dificultad En gimnasia artística, el valor en puntos de cada movimiento; los movimientos más difíciles tienen valores más altos.

puntos de ejecución En gimnasia artística, los puntos dados por lo bien que un gimnasta ejecuta los movimientos; un gimnasta comienza con 10 puntos de ejecución y se le van restando puntos por errores.

ronda clasificatoria Ronda para determinar quiénes estarán en la competencia final.

utilería Objetos o elementos usados en gimnasia rítmica; en los Juegos Olímpicos se usan mazas, aros, cintas y balones.

Rio2016

Índice

Acerca del autor

M. K. Osborne es un escritor y editor para niños que se emociona con los Juegos Olímpicos, tanto con los de verano como los de invierno, cada dos años. M. K. Osborne ha estudiado las estadísticas, las cifras y el conteo de medallas para llevar a los lectores jóvenes las mejores historias sobre los Juegos Olímpicos.